Vielen Dank auch an Anja, Ema und Fenja, die diese enorme Begeisterung für dieses Land mit mir teilen und ohne die, dies alles hier auch nicht möglich wäre.

Impressum:

Autor: Uwe Kahmann
                                    Geescheweg 4
                                    26446 Friedeburg

Layout und Gestaltung: Reepsholter Verlag
                                   Langstraßer Weg 8
                                   26446 Reepsholt
Lektorat: Sabine Ehrenberg

Bildrechte: Freie Bilder der Webseite
                                   www.pixabay.com
                                   und des Autors
                                   Karte: www.stepmap.de

Herstellung und Verlag: BoD – Books on Demand, Norderstedt

ISBN: 978 375 571 03 70

Mit dem Motorrad auf den schönsten Routen der Welt - durch den Südwesten der USA.

Reisetagebuch einer unvergesslichen Biker-Tour.

Uwe Kahmann

Vorwort:

Seit mehr als 30 Jahren bin ich regelmäßig in den USA und besitze die deutsche und amerikanische Staatsbürgerschaft. Daher bin ich legitimiert dort als Tour-Guide zu arbeiten und habe mittlerweile mehr als 200.000 km Tour-Guide-Erfahrung in den USA. Meine Firma Tour 66 ist familiär organisiert, so dass wir das Gefühl haben mit Freunden zu reisen.

Die Tour auf den schönsten Routen durch den Westen der USA, ist eine von mehreren Biker-Touren, die regelmäßig von uns veranstaltet werden. Dieses Reisetagebuch mit den Beschreibungen und Fotos, kann nur einen Eindruck in die unvergesslichen Erfahrungen und Erlebnisse dieser Tour vermitteln, denn vieles lässt sich mit Worten nicht beschreiben – man muss es selbst erleben. Aber Achtung: Suchtgefahr!

Um die faszinierenden Eindrücke einer solchen Reise in Worte und Bilder zu fassen, entstand die Idee, ein Reisetagebuch zu schreiben. Einerseits ist es eine Zusammenstellung der Erinnerungen für diejenigen, die bereits eine solche Tour mitgemacht haben. Andererseits vermittelt es Eindrücke in die schönsten Gegenden der USA für alle Interessierten, die eine Tour planen oder für diejenigen, die sich eine Motorradtour (noch) nicht vorstellen können.

Wir, mein Team und ich, sind begeisterte USA-Fans. Wir lieben die grandiosen Landschaften ebenso wie die Herzlichkeit der Menschen. Uns fasziniert die einsame Wildnis ebenso wie die pulsierenden Städte. Das Land ist geprägt von Gegensätzen – klimatisch von arktisch über kontinental bis hin zu tropisch. Vom Lebensgefühl von strebsam über hektisch bis hin zum kalifornischen Lifestyle.

Durch nichts zu ersetzen sind aber die Augenblicke, wenn gestandene Biker mit Tränen der Freude vor uns stehen und ihre Begeisterung kaum in Worte fassen können. Las Vegas bei Nacht, die Fahrt über die Golden Gate Bridge, der Blick in den Grand Canyon, ... - all das sind Momente, die man sein Leben lang nicht mehr vergisst.

Nehmen wir Antje und Thomas aus meinem Team:

Die beiden waren oft in Amerika, haben Ihre Flitterwochen in Las Vegas verbracht und sind 2014 dann das erste Mal mit dem Motorrad als Teilnehmer bei mir die Highway Melody mitgefahren – die Begeisterung kennt keine Grenzen mehr: Beide tragen Erinnerungen an die Touren mit Tinte unter der Haut, beide sind mittlerweile unzählige Male die Tour gefahren, Thomas ist Tourguide bei mir und die ganze Familie unterstützt mich vertrieblich und organisatorisch wann und wo immer es geht.

Und eine ähnliche Begeisterung wird (fast) jeden Teilnehmer infizieren. Viele unserer Mitfahrer fahren die gleiche Tour ein zweites Mal mit uns, oder lernen die USA auf unseren anderen Touren kennen. Ob nun die Harley in die heimische Garage einzieht oder ob der Weber-Grill künftig für Tex-Mex oder kreolische Köstlichkeiten auf der Terrasse steht – die Sehnsucht bleibt ein Leben lang.

Euer Uwe Kahmann

TOUR 66

Inhalt

Beschreibung der Route mit der Tourkarte:

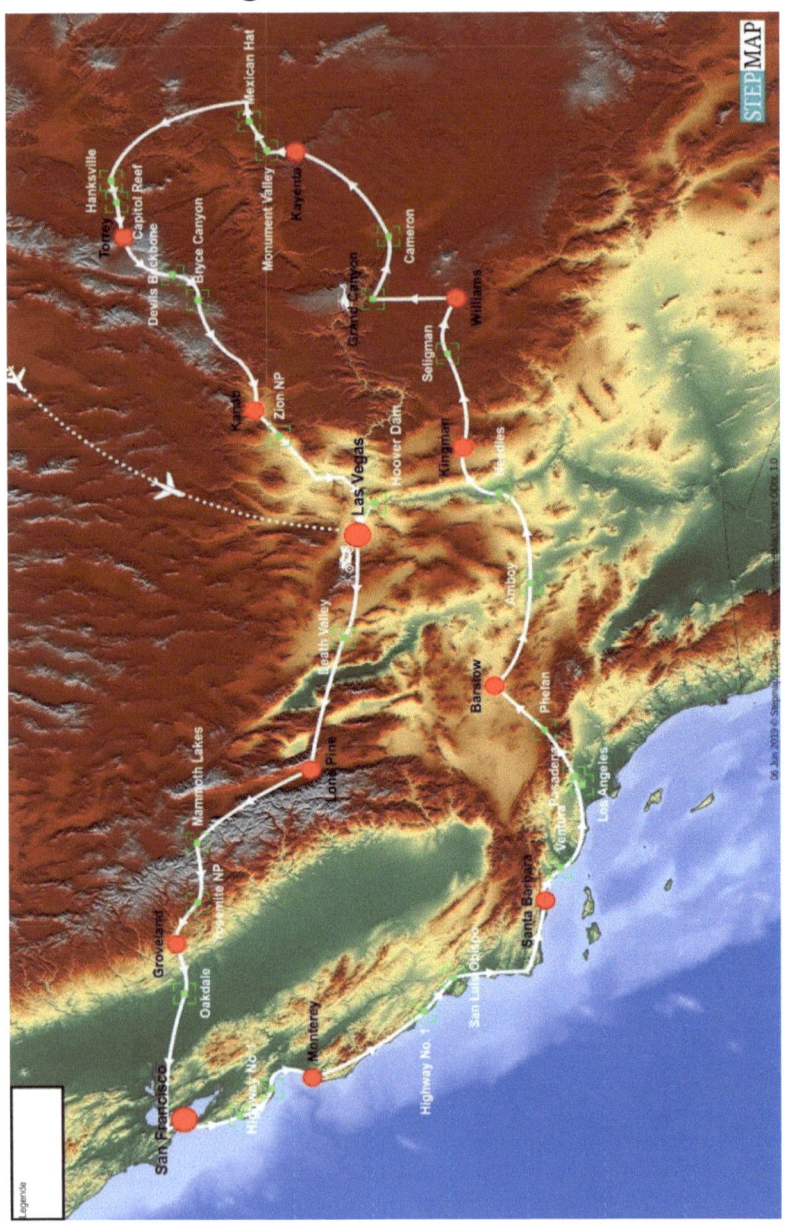

Tag 0: Vor Reisebeginn beschäftigen wir uns mit der Planung und Organisation

Die Teilnehmer sind aufgeregt, platzen fast vor Vorfreude. Die Fragestellungen ändern sich, man beschäftigt sich mit der Tour – und dann ist es so weit. Etwa 6 Wochen vor der Tour treffen wir uns das erste Mal um uns kennenzulernen und schon einmal das Wichtigste abzuklären. Weitere Treffen, real oder virtuell, sind möglich, ab jetzt stehen wir jedenfalls in regem Austausch. Weil es einfacher ist, duzen wir uns alle, diese Anrede werde ich auch hier verwenden.

Unsere Teilnehmer bekommen umfangreiche Handouts zu den wesentlichen Themen und Fragen, die sich für eine Tour in die USA stellen. Diese reichen von A wie Anreise bis Z wie Zollbestimmungen. Wissenswertes zu Land und Leuten, Verhaltens- und Verkehrsregeln und generelle Hinweise zu Umgangsformen im Land und, und, und… Zu jeder Station haben wir geografische und/oder historische Infos zusammengestellt, die man vorab vertiefen oder ergänzen kann.

Jeder sollte bestmöglich vorbereitet sein, und wenn er sich selbst und seine Fähigkeiten und Grenzen realistisch einschätzen kann, dann wird auch nichts mehr schief gehen – den Rest erledigen wir. Für diese Gruppenfahrten mit dem Motorrad müssen wir ein Minimum an Regeln für alle Teilnehmer aufstellen. Darüber hinaus sind individuelle Absprachen möglich. Wenn alles klar ist, kann es losgehen. Auch wir von Tour 66 sind jedes Mal voller Vorfreude, denn jedes Mal ist einzigartig, jedes Mal gibt es Neues zu entdecken und zu erleben. Wir haben aber auch noch jede Menge Überraschungen in petto, die wir hier selbstverständlich nicht preisgeben werden. Nur so viel: Wir fahren Standpunkte an, von denen man einen spektakulären Blick auf die atemberaubende Schönheit der Gegend hat. Wir begegnen interessanten Menschen, die man sonst nie kennenlernen würde.

Auf geht's!

Tag 1: Ankunft Las Vegas

Ein langer Flug liegt hinter den Teilnehmern, sie kommen am frühen Abend in Las Vegas an. Ein warmer Wüstenwind begrüßt sie beim Verlassen des Gebäudes des McCarren International Airports. Mit einem Kleinbus holen wir sie ab, alles läuft bisher wie geplant und trotz der anstrengenden Reise sind alle voller Vorfreude.

Las Vegas erstrahlt in vollem Lichterglanz. Diese Mega-City mit ihren unbeschreiblichen Bauten, Hotels und Vergnügungspalästen schläft nie. Alles ist hier im XXL-Format, so gibt es hier z.B. ein Hotel, auf dessen Parkplatz früher Autorennen veranstaltet wurden.

Wir kommen im Hotel an und checken ein. Nachdem sich alle kurz frisch gemacht haben, treffen wir uns im Foyer und planen den Rest des Abends. Die ganze Gruppe beschließt gemeinsam Essen zu gehen und teilt sich dann anschließend in kleinere Grüppchen auf. Einige sitzen noch eine Zeit lang an der Hotelbar und besprechen die Aktivitäten der nächsten Tage bei einigen coolen Drinks – über kurz oder lang fallen alle todmüde in ihre bequemen Hotelbetten.

Tag 2: Las Vegas – Hoover Dam

Am Vormittag machen wir einen Bummel auf dem berühmten Las Vegas Strip. Dabei zeigen wir den Teilnehmern Bereiche, die den meisten Touristen verborgen bleiben.

Strip: New York, Paris, Venedig – in Las Vegas ist alles möglich, lasst Euch überraschen.

Am Nachmittag ist es soweit: Wir übernehmen unsere Bikes. Sie stehen getankt und blitzend für uns bereit und alle diejenigen, die vor der Tour eher verächtlich über Harley Davidson dachten, bekommen jetzt glänzende Augen.

Das erste Mal bekommen wir ein Feeling dafür, was uns in den nächsten Tagen erwartet. Wir machen ein paar Proberunden, klären alle Formalitäten und wer möchte (natürlich wollen alle), fährt mit zum Hoover-Dam. Diese Strecke ist für die erste Eingewöhnungsfahrt perfekt, denn wir müssen nicht durch die City.

Der Hoover Dam: Dieses gewaltige Bauwerk – wir fahren mitten drüber weg – ist auf beiden Seiten spannend. Auf der einen Seite der Lake Mead, auf der anderen Seite der Blick in die Tiefe zum Generatorgebäude.

Abends kann das Nachtleben in Las Vegas starten, jeder, wie er möchte. Einige ziehen gemeinsam durch die Straßen, andere genehmigen sich ein paar Drinks in verschiedenen Bars. Wenn dann am nächsten Morgen Teilnehmer zur verabredeten Zeit nicht zum Frühstück erscheinen, finden wir sie garantiert im hauseigenen Casino völlig überrascht, dass die Nacht bereits vorbei ist.

Tag 3: Von Las Vegas nach Lone Pine

Unser erstes Ziel ist der Death-Valley-Nationalpark – das Tal des Todes. Mit 86 Meter unter dem Meeresspiegel ist hier der tiefste Punkt der westlichen Hemisphäre. Wie fast alles in Amerika sind auch hier die Temperaturen extrem: 50° C und ein leichter Wind: Schaltet den Föhn ein und schaut in den Luftstrom – so fühlt es sich an. Wir sind froh, dass das Begleitfahrzeug nicht nur unser übriges Gepäck transportiert, sondern auch eisgekühlte Getränke dabei hat!

Furnace Creek: 121 Fahrenheit entspricht 49,44° Celsius

Weiter geht's entlang der Sierra Nevada, vorbei am höchsten Berg der USA, dem Mount Whitney.

Als wir am Zielpunkt, dem Örtchen Lone Pine, in dem unzählige Westernfilme gedreht wurden, ankommen, gibt es erst einmal ein kühles Bier (auch daran hat unser netter Fahrer des Begleitwagens gedacht....).

In den USA besteht generelles Alkohol-verbot im Straßen-verkehr aber auch das Trinken von Alkohol in der Öffentlichkeit ist verboten... aber wir tricksen – Die Bud Light Dose sieht von weitem aus wie Coca Cola.

Tag 4: Von Lone Pine nach Oakdale

Wir starten in die Sierra Nevada, über den am höchsten gelegenen Highway-Pass in Kalifornien, dem Tioga Pass.

Dann erreichen wir den Yosemite Nationalpark. Er ist der älteste Park der USA. Beeindruckend sind seine Granitfelsen, seine Wasserfälle, die Haine mit Mammutbäumen und seine Artenvielfalt – manchmal sind hier auch Bären zu sehen. Aber die hatten heute wohl etwas anders vor. Am frühen Abend kommen wir in Oakdale, einer typischen amerikanischen Kleinstadt, an. Früher waren hier die Oakdale-Raiders, ein American Football Team, beheimatet. Die Raiders spielen jetzt in Las Vegas.

Tag 5: Von Oakdale nach San Francisco

Bereits nach rund 200 km erreichen wir San Francisco, eine der attraktivsten Städte der Welt. Von Sausalito kommend fahren wir auf die Golden Gate Bridge zu, biegen aber vor der Brücke ab und drehen uns viele Kurven hinauf zum obersten Vistapoint mit Blick auf die Brücke und San Francisco. Selbstverständlich fahren wir dann über die Golden Gate Bridge in die Stadt. Hier erwarten uns traumhafte Ausblicke auf den Pazifik und die Stadt.

Eine gigantische Ansicht: Die Golden Gate Bridge

Wir quartieren uns etwas außerhalb des Zentrums, in der Nähe einer Cable Car Station, ein. Von hier aus raten wir allen, die Bikes stehen zu lassen und den ersten Trip in die Stadt eben mit dieser Cable

Car zu machen. Das tun dann auch alle gemeinsam.

Das berühmte Cable Car

Tag 6: San Francisco

Am Vormittag führen wir die Gruppe durch die Highlights dieser fantastischen Stadt, zeigen ihnen Viertel, in denen sich nur Einheimische wirklich auskennen. Dazu gehören natürlich Chinatown, Fisherman's Wharf, der Vergnügungs-Pier 39 und die Gefängnisinsel Alcatraz, die allerdings nur mit Voranmeldung besucht werden kann.

Der Nachmittag steht zur freien Verfügung, einige starten noch einmal in die City, z.B. nach Chinatown. Eine völlig andere Welt tut sich hier auf, es gibt hier Dinge zu essen, die mir selbst lebendig schon nicht gefallen……. Aber die Menschen hier sind klasse, auch wenn man sie, selbst wenn sie englisch sprechen, nicht versteht. Mit Händen und

Füßen und immer lächelnd verstehen wir uns trotzdem.

Abends fangen manche aus der Gruppe an, die ersten Eindrücke aufzuschreiben, denn bisher gab es schon so viel zu erleben und zu sehen, das man alles im Gedächtnis sortieren muss. Nun merkt man das erste Mal wie schwer es ist, Erlebnisse, und vor allem Sinneseindrücke, in Worte zu fassen. Die Aussage „mir fehlen die Worte" bekommen jetzt eine echte Bedeutung. Man selbst kann versuchen, sich die Erinnerung an das Erlebte mit allen dazu gehörenden Gefühlen zu bewahren. Aber niemand, der es nicht selbst erlebt, kann es nachvollziehen. Auch Fotos können letztendlich nur etwas abbilden, aber nicht die Erinnerung an das Erlebte übermitteln.

Tag 7: Von San Francisco nach Monterey

Wir verlassen San Francisco auf dem berühmten Pacific Coast Highway No1. Dieser erste Teilabschnitt führt uns entlang der Pazifikküste. Auf der einen Seite die Steilküste auf der anderen die Traumstrände – einfach unbeschreiblich toll. Wir machen einen Stopp an einer urigen Strandbar. Das nahe Wasser lockt, trotz Warnung, dass das Wasser sehr kalt ist, wagen einige von uns sich hinein – aber nur bis zu den Knien...... es ist wirklich bitterkalt.

Weiter geht es nach Monterey, einem mondänen Küstenort. Am „Fisherman´s Wharf" von Monterey verbringen wir den Abend bei einem leckeren Fischmenü. Die ganze Gruppe verbringt einen vergnügten Abend gemeinsam – alle sind positiv berührt, dass wir uns jetzt, nach einer Woche, immer noch so gut verstehen. Klar, es gibt auch kleinere Reibereien, aber nichts wirklich von Bedeutung.

Tag 8: Von Monterey nach Santa Barbara

Es geht weiter auf dem Teil des Highway No 1, den man als „Traumstraße der Welt" oder „Panamericana" bezeichnet. Eine unbeschreiblich schöne Fahrt entlang der gigantischen Steilküste am Pazifik.

Abends entspannen wir im Zentrum von Santa Barbara mit seinem eigenen und ganz speziellen Flair.

Tag 9: Von Santa Barbara nach Barstow

Auf der heutigen Fahrt erleben wir einen landschaftlichen Querschnitt Kaliforniens. Dicht an Los Angeles vorbei überqueren wir die „LA-Berge" bis Victorville, wo wir heute zum ersten Mal auf die legendäre Route 66 treffen. Die „Motherroad" befahren wir dann bis zu unserem heutigen Tagesziel Barstow.

Santa Barbara

Tag 10: Von Barstow nach Kingman (Route 66) in Arizona

Weiter geht es auf der Route 66, zunächst stoppen wir in Amboy. Dieser kleine Ort ist durch „Roy´s Cafe" und seine zahlreichen Route 66 Logos auf dem Asphalt bekannt.

Das kleine ehemalige Goldgräberstädtchen Oatman, ist ein beliebter Treffpunkt für Biker, auch wir machen Halt. Den Namen bekam die Stadt durch die bewegende Geschichte der Olive Oatman. Hier hat es eine lange Tradition, dass Esel frei auf der

Straße laufen. In den Geschäften kann man spezielle Leckerlies für die Tiere kaufen.

Kurz hinter Oatman kommt der Ort Cool Springs.

Hier halten wir bei Crazy Ray, bei dem es immer was zu erleben gibt – lasst euch überraschen…!

In Kingman (an diesem Verkehrsknotenpunkt kreuzen sich die Interstate 40, der U.S. Highway 93 und die Route 66) angekommen, ist Feierabend für heute.

Tag 11: Von Kingman nach Williams

Wir bleiben auf der Route 66 und erfahren heute einige Details zu der Geschichte der Route 66.

Auch treffen wir interessante Zeitzeugen, die kennenzulernen, etwas ganz Besonderes ist.

Über Seligman (in diesem Touristenstädtchen und dem Herz der „alten" Route 66 betreibt Angel Delgadillo noch seinen Souvenir- und Barbershop) geht's dann weiter nach Williams, unserem heutigen Tagesziel.

Williams war der letzte Ort der Route 66, der von der Interstate – Umfahrung betroffen war.

Tag 12: Von Williams nach Kayenta

Ein Musiker in Williams

Am Nachmittag erreichen wir den Grand Canyon, eines der eindrucksvollsten Naturwunder der Erde. Wir erkunden diese gigantische Schlucht (435 km lang, bis zu 30 km breit und 1,8 km tief) mit ein paar tollen Stopps am Canyonrand.

Hier reichen Worte nicht aus, das, was wir sehen, zu beschreiben. Von dieser gewaltigen Schönheit sind die meisten von uns tief ergriffen. Diese Tiefe lässt sich leider auf dem Foto nicht einfangen. Wer möchte, kann mit einem Hubschrauber den Canyon überfliegen, die zusätzlichen Kosten für einen solchen Flug sind wirklich jeden Cent wert.

Weiter geht es zur Cameron Trading Post, einem alten Handelsposten, an dem man alle erdenklichen Souvenirs, sowie Indianerschmuck und Westernoutfits kaufen kann. Viele decken sich hier mit Souvenirs ein - bei der Farbenpracht kann man schwer widerstehen…. Und früher wurden hier die Kutschenpferde gewechselt.

Am Nachmittag erreichen wir dann Kayenta im Reservat der Navajo-Indianer. Hier herrscht absolutes Alkoholverbot – auch aus unserem Begleitfahrzeug gibt es keine Chance auf ein kühles Feierabendbier.

Tag 13: Von Kayenta nach Torrey

Wir sind im Monument Valley. Wegen seiner roten Felsen, den Tafelbergen, wird es oft als das fotogenste Tal der Welt bezeichnet. Egal in welche Richtung man blickt – es ist atemberaubend.

Hier kann man auch eine Jeeptour durch das Tal machen, die von einem Guide mit indigener Abstammung geführt wird – sehr beeindruckend.

Wir fahren weiter durch das Coloradotal und den Capitol Reef Nationalpark. Alle wollen so oft wie möglich anhalten, Fotos machen und staunen. Nicht umsonst wird diese Strecke von vielen als die wohl schönste Bikerstrecke des Universums bezeichnet.

Völlig erledigt kommen wir abends in Torrey an. Wir schwärmen noch den ganzen Abend über die Eindrücke, die wir heute hatten und ergänzen unsere Fotos untereinander. Es ist erstaunlich, wie viele gleiche aber auch völlig verschiedene Blickwinkel es auf dieser Fahrt gibt.

Tag 14: Von Torrey nach Kanab

Heute liegt eine lange, extrem kurvenreiche Strecke vor uns. Die erste Teilstrecke geht durch die abwechslungsreiche, farbenfrohe Landschaft des Grand Staircase Escalante mit dem spektakulären „Devil's Backbone".

Am Nachmittag erreichen wir den Bryce Canyon Nationalpark. Hier sehen wir die berühmten Hoodoos, das sind rote, nach oben spitz zulaufende Felsformationen.

Abends erreichen wir unsere Unterkunft in Kanab. Außer einem Feierabendbier und einem anschließenden Abendessen hat keiner von uns mehr Lust und Energie etwas zu unternehmen.

Tag 15: Von Kanab nach Las Vegas

Wir starten in den Zion National Park, ein, wie ich finde, weiterer Höhepunkt unserer Tour. Hier gibt es zahlreiche Canyons, die sich aus dem braunroten und orangefarbenen Sandstein gebildet haben. Auch hier halten wir so oft es geht an.

Kurz vor Las Vegas durchqueren wir das Valley of Fire. Diese roten Felsen dienten bekannten Filmen (z.B. in Star Trek - Filmen) als Kulisse.

Am frühen Abend erreichen wir Las Vegas. Hier endet unsere Tour.

Tag 16: Las Vegas

Wir trennen uns wehmütig von unseren Bikes, die uns alle bis zum Schluss die Treue hielten – niemand hatte eine Panne.

Mit einer Stretch-Limousine fahren ist am letzten Abend ein Riesenspaß.

Den letzten Tag verbringen wir je nach Vorliebe – hier empfiehlt sich ein Besuch in Downtown, dem „alten" Las Vegas. Morgen geht es dann leider schon wieder zurück nach Deutschland – 18 Tage sind wie im Flug vergangen.

Tourimpressionen

Epilog

Diese Reise war wieder einmal beeindruckend, auch wir von Tour66 brauchen eine Weile, die Eindrücke und Erlebnisse im Anschluss an diesen Trip kognitiv und emotional zu verarbeiten – denn jede dieser Touren ist immer auch einzigartig.

Alles lief wie geplant und das Feedback der Teilnehmer war durchweg positiv. Ja, zum Teil war es auch sehr anstrengend, aber jeder wurde auf die eine oder andere Weise mit einzigartigen Erlebnissen belohnt.

Auch wir freuen uns auf den Zeitpunkt, wenn die nächste Biker-Tour auf den schönsten Routen des Westens der USA startet.

TOUR 66, Inc. Germany

26446 Friedeburg
Tel.: 04468 - 228
Fax: 04468 - 478
tour66@mail.com

TOUR 66, Inc.
North Fort Myers, FL 33903
U.S.A.
Tel.: (305) 572 - 7442
Fax: (305) 572 - 7211
tour66@usa.com

- your experience of a lifetime -
Durchführung ultimativer USA Motorradtouren